EMG3-0184
合唱楽譜＜スタンダード＞
STANDARD
CHORUS PIECE

合唱で歌いたい！ スタンダードコーラスピース

混声3部合唱

心の中にきらめいて

作詞：田崎はるか　作曲：橋本祥路

●●● 曲目解説 ●●●

この曲は、小中学校の卒業式や校内合唱コンクールでよく歌われる楽曲です。中間部にはベートーヴェンのピアノソナタ第8番『悲愴』第2楽章のメロディーが使用されています。歌い易い楽曲ですが、特にこの曲ではディナーミク、アゴーギクといった表現の部分を中心に音楽づくりをすることで、合唱の奥深さを味わい楽しむことができます。

【この楽譜は、旧商品『心の中にきらめいて（混声3部合唱）』（品番：EME-C3074）と内容に変更はありません。】

ELEVATO
MUSIC ENTERTAINMENT

心の中にきらめいて

作詞:田崎はるか　作曲:橋本祥路

Elevato Music
EMG3-0184

B
13
き のおもいで は いま たしかにめーぐりくるー えがお
き のおもいで は いま たしかにめーぐりくるー なみだ
き のおもいで は いま たしかにめーぐりくるー えがお
き のおもいで は いま たしかにめーぐりくるー なみだ
き のおもいで は いま たしかにめーぐりくるー えがお
き のおもいで は いま たしかにめーぐりくるー なみだ
17
で かたりあー ーった ときのように
を こぼしてな いた ときのように
で かたりあー ーった ときのように ー
を こぼしてな いた ときのように ー
で かたりあー ーった ときのように
を こぼしてな いた ときのように
21
1.
こころのなかにーかがやいてー いつまでも わすれないー
こころのなかにーきらめいてー いつまでも わすれない
こころのなかにーかがやいてー いつまでも わすれないー
こころのなかにーきらめいてー いつまでも わすれない
こころのなかにーかがやいてー いつまでも わすれないー
こころのなかにーきらめいてー いつまでも わすれない

C
25
mp
ラ ラ ラ ラ ラ ラ ラ ラ ラ ラ ラ ラ ララ
ラ ラ ラ ラ ラ ラ ラ ラ ラ ラ ラ
ラ ラ ラ ラ ラ ラ ラ ラ ラ ラ ラ
30
2.
D
ラ ラ ラ ラ ラ ラ ラ ラ ー ーあのとき のおもいで
ラ ラ ラ ラ ラ ラ ラ ラ ー ーあのとき のおもいで
ラ ラ ラ ラ ラ ラ ー ーあのとき のおもいで
35
はいま たしかにめーぐりくるー つばさに おもいを
はいま たしかにめーぐりくるー つばさに おもいを
はいま たしかにめーぐりくるー つばさに おもいを

39
のせたときのようにこころをこめてーう
のせたときのようにーこころをこめてーう
のせたときのようにこころをこめてーう
43
E
たおうよーいつのひもこのうたをーいつまで
たおうよーいつのひもこのうたをーいつまで
div.
たおうよーいつのひもこのうたをーいつまで
47
f
rit.
a tempo
もいつまでもー
もいつまでもー
もいつまでもー
8va

MEMO

ELEVATO
MUSIC ENTERTAINMENT

心の中にきらめいて

作詞：田崎はるか

あの日歌ったメロディー
ずっと私は忘れない
あの日もらった言葉
ずっと私の宝物
あのときの思い出は今　たしかに巡《めぐ》りくる
えがおで語りあった時のように
心の中にかがやいて
いつまでも忘れない

あの日歌ったハーモニー
ずっと僕は忘れない
あの日誓《ちか》った言葉
ずっと僕《ぼく》の宝物
あのときの思い出は今　たしかに巡《めぐ》りくる
涙をこぼして泣いた時のように
心の中にきらめいて
いつまでも忘れない

あのときの思い出は今　たしかに巡《めぐ》りくる
翼《つばさ》に想《おも》いをのせた時のように
心を込めて歌おうよ
いつの日もこの歌を
いつまでも　いつまでも

ELEVATO
MUSIC ENTERTAINMENT

ご注文について

エレヴァートミュージックエンターテイメントの商品は全国の楽器店、ならびに書店にてお求めになれますが、店頭でのご購入が困難な場合、当社PC&モバイルサイト・電話からのご注文で、直接ご購入が可能です。

◎当社PCサイトでのご注文方法

http://elevato-music.com

上記のアドレスへアクセスし、WEBショップにてご注文ください。

◎お電話でのご注文方法

TEL.0120-713-771

営業時間内に電話いただければ、電話にてご注文を承ります。

◎モバイルサイトでのご注文方法

右のQRコードを読み取ってアクセスいただくか、
URLを直接ご入力ください。